2 0 1 4 2 0 2 5

달 항 아 리
어 머 니

SIJO
POEMS
BY
JAE-YOUNG
YOO

20142025

달 항 아 리
어 머 니

유 재 영 시 조 집

 동학사

시인의 말

1.
시조를 쓰기 시작한 지 52년, 세 번째 시조집 『느티나무 비명 碑銘』을 출간한 지 11년이 되었다. 이번 시조집은 네 번째 시조집이 되는 셈이다. 앞으로 한 권 더 시조집을 엮는 일에는 오랜 시간이 필요할 것 같다. 나는 율격주의자이다. 시조의 형식을 파괴하며 시조를 쓰지 않는다. 자유시가 이 땅에 오기 전 형식 이탈은 별 문제가 아니었다. 지금은 형식 이탈이 새로움인 줄 아는 일부 시인들의 시도로 시조가 무너져가고 있다. 형식은 시조의 첫 번째이자 마지막 장치이다. 내가 마지막 율격주의자로 기억되지 않기를 바란다. 그만큼 심각한 상황에 와 있다. 율격이 무너진 시조를 소리 내어 읽어보라. 관절 부러지는 소리가 나지 않는가. 현대시라는 구조 속에서 현대시조는 형식의 파괴가 아니라 우리말의 율격을 찾아가는 과정이다. 우리 시조 역사 800년이 그러했다.

2.
이번 시조집에서 주목할 것으로는 편집의 편리성에 우선한, 작품 나열식 배열이 아니라 '시를 주인으로 모신' 디자인의 특별함을 들 수 있다. 시조 한 수 한 수를 독립 페이지로 편집함으로써 시조에서의 수首는 자유시에서의 연과는 다른, 각기 독립된 영역임을 강조했다. 또 하나는 작품의 성격에 따라 한눈에 읽을 수 있도록 두 페이지를 한 페이지로 연결하는 방법으로, 가로쓰기 시집에서는 시도하지 않았던 부분이다. 북 디자인 1세대로서 시집 디자인의 극대화를 통한 독자와의 접근은 앞으로도 계속 될 것이다.

CONTENTS

시인의 말 · 5

바람 한 잎 · 10
싸리꽃 친정 · 12
그늘 반 평 · 14
우리 생生 무엇이 되어 · 16
고요론 論 · 18
향기론 論 · 20
팔마구리 경經 · 22
비단강 · 24
은방울꽃 · 26
방아깨비 운韻 · 28
봄을 소재로 한 두 개의 aphorism · 30
등고선을 중심으로 한 다섯 가지의 서정적 비유 · 32
공복으로 우는 뻐꾸기 · 37
계절을 바라보는 네 가지의 형태 · 40

산경표를 읽는 열두 가지의 서정적 성찰 · 44

연두에서 초록까지 · 48

나목 평전 · 50

어느 날 북악에 와서 · 52

봄의 이름으로 · 54

이슬 세상 · 57

달항아리 어머니 · 60

물의 경전 · 63

독락당 獨樂堂 · 66

추사판전진경 秋史板殿眞景 · 68

청동빛 기행 · 70

봄날의 소유권 · 72

세상의 모든 아침은 여기서부터 시작이다 · 74

인수봉 · 77

잔디 봉분 · 80

수락에 들다 · 83

목련꽃 문장 文章 · 86

가을 망우리 · 88

비봉을 지나며 · 91

인사동 은발 銀髮 · 94

가랑잎 마스크 · 96

등 뒤에서 부른 이름 · 98

무심히 흘려보낸 가을 강 · 100

봄날의 경외성서 · 103

유재영 시조를 읽는 다섯가지의 비평적 성찰 - 김유중 · 106

SIJO POEMS BY JAE-YOUNG YOO
20142025

달 항 아 리
어 머 니

SIJO POEMS BY JAE-YOUNG YOO
20142025

목 차

고비 순

맑아올라

연둣빛

하늘이다

흰 구름

목에 두른

가파른

돌산이다

물박달

그늘 아래로

1박하는

바람 한 잎,

SIJO POEMS BY JAE-YOUNG YOO
20142025

싸리꽃 친정

1

하늘도 파랗게 문을 열었습니다. 요양원서 나온 운구가 싸릿골 친정으로 갑니다. 아직도 고 작은 것이 산을 물고 섰습니다

SIJO POEMS BY JAE-YOUNG YOO
20142025

2

생生이라 그어놓은 선을 처음 넘습니다. 저무는 보랏빛을 차마 혼자 볼 수 없어 마침내 고 작은 것도 산을 품고 눕습니다

SIJO POEMS BY JAE-YOUNG YOO
20142025

그 늘 반 평

1

언젠가 우리 모두 함께 만날 그곳에 조용히 내려오신 오목한 그늘 반 평. 불탄 뼈 한 움큼 묻자, 산을 안고 우는 뻐꾹!

SIJO POEMS BY JAE-YOUNG YOO
20142025

2

살며시 잡았던 손 뿌리치듯 떠나는 생生. 먼 훗날 누가 와서 이곳을 찾는다면, 저기가 거기 같구나, 산뽕나무 섰던 자리

SIJO POEMS BY JAE-YOUNG YOO
20142025

우 리 생生 무 엇 이 되 어

1

주인공이 사라진 허전한 화면 위를 멈칫멈칫 끌고 가는 자막 없는 하얀 여백.
우리 생生 무엇이 되어 다시 올까 그 봄날로

SIJO POEMS BY JAE-YOUNG YOO
20142025

2

당신이란 이름 사이 끼워진 작은 꽃잎, 잡힐 듯 잡히지 않는 목이 긴 마른 향기, 내일은 외로운 무덤 진달래꽃 더 붉겠다

SIJO POEMS BY JAE-YOUNG YOO
20142025

고요론 論

1

허공도 접어 보면

개구리밥 고만한 것

물방울에 잠긴 세상

바람 불면 그도 잠깐

몸 비운

늙은 감나무

빈자일등貧者―燈

밝혔네

SIJO POEMS BY JAE-YOUNG YOO
20142025

2

불 끄고 마음 닫고

어둠 곁에 누운 밤

길 헤매다 찾아온

탁발승 같은 적막

머리맡

잠 못 든 생각

오체투지五體投地

하자네

SIJO POEMS BY JAE-YOUNG YOO
20142025

향기론 論

1

적막만이 목을 내민

자정이란 변방에서

가만히 번져오는

옥빛보다 맑은 향기

더불어

소심素心 곁에서

나도 하나

물형석物形石

SIJO POEMS BY JAE-YOUNG YOO
20142025

2

친구가 안부 삼아

보내 준 우전 찻잎

하동, 화개 달빛까지

파릇파릇 우려내면

작은 방

이 빠진 찻잔

받아드는

한 모금

SIJO POEMS BY JAE-YOUNG YOO
20142025

팔마구리 경 經

1

벌레 소리 얼룩지는

살며시 저문 가을

가지 끝에 팔마구리

초롱처럼 걸었다

달그락,

마른 무게로

흔들리는

저 투명

SIJO POEMS BY JAE-YOUNG YOO
20142025

2

다갈색 간격으로

떨어지는 마른 잎

무릎에 얼굴 묻고

한 생각 오므리면

외로움

고 크기만큼

홀로 우는

빈 찻잔

SIJO POEMS BY JAE-YOUNG YOO
2 0 1 4 2 0 2 5

비단강

맑고맑굿
갈꽃 피는
비 개인
오월 아침

밤새 그린

적벽赤壁 한 폭

물소리도

걸어놓고

해맑은

구름 한 마리

방생하는

비단강,

SIJO POEMS BY JAE-YOUNG YOO
20142025

은방울꽃

가던 길

돌아보면

흔들리는

꽃이 있다

꼼짝 같이

숨겨둔

새하얀

은총처럼

댕, 댕, 댕

우는 소리에

산도 거들

여는 꽃,

SIJO POEMS BY JAE-YOUNG YOO
2014 2025

방아깨비 운 韻

방아깨비

앉자 휘청,

등이 휘는

옹바랭이

바람 불자

화들짝,

가벼워라

저 날갯짓!

세상은

오늘 하루도

무거워라,

가벼워라

SIJO POEMS BY JAE-YOUNG YOO
20142025

봄을 소재로 한 두 개의 aphorism

1

조막돌을 던지면

딱, 하고 맞출 거리

고명처럼 앉아서

부리 닦는 딱새 부부

가재는

두 다리 번쩍

하늘 들어

올렸다

SIJO POEMS BY JAE-YOUNG YOO
20142025

2

쪼그린 물소리들

조촘조촘 흘러가고

산그늘 받쳐놓은

홀아비 곧은 꽃대

다래 순

목 간지러워

아랫도리

다 젖겠다

SIJO POEMS BY JAE-YOUNG YOO
20142025

등고선을 중심으로 한 다섯 가지의 서정적 비유

1

구름, 바람, 허공까지 하늘 권속 다 모여

누르면 튕겨날 듯 파랗게 휘는 봄날

어제 핀 생강 꽃 곁에 휘파람새로 앉고 싶다

SIJO POEMS BY JAE-YOUNG YOO
20142025

2

목마른 산노루가 잠시 쉬다 떠난 자리

옹달샘 물, 한 모금에 산도 따라 젖는다

우전차雨前茶 그 뒷맛 같은, 절명 시 한 줄 같은

SIJO POEMS BY JAE-YOUNG YOO
20142025

3

햇빛 널어 말리는 너럭바위 한나절은

가래나무 그늘이 겹으로 내려오고

풀물 든 생각 하나가 곡선으로 돌아눕네

SIJO POEMS BY JAE-YOUNG YOO
20142025

4

… 사는 일이 그렇다면 죽는 일도 매한가지

멧비둘기 푸득 날자, 급강하하는 황조롱이

생과 멸, 짧은 순간이 자막처럼 흘러간다

5

등고선도 오그라든 미간 좁은 골짜기

조생한 새끼 등을 고루고루 핥아주는

어미의 거친 숨소리 그런 밤도 있으리

SIJO POEMS BY JAE-YOUNG YOO
20142025

공복으로 우는 뻐꾸기

1

흰 구름 빌려와서 몸을 슬쩍 가리고

큰 바위 뒤로 숨어 등목하는 젊은 산

스무 살 나도 한때는 저런 적이 있었다

SIJO POEMS BY JAE-YOUNG YOO
20142025

2

달그락 수노루 뿔 떨어지는 소리에

산도 흠칫 놀라서 뒤꿈치 슬쩍 드는

며칠 뒤 그 골짜기에 붓꽃 몇 개 더 피리라

SIJO POEMS BY JAE-YOUNG YOO
20142025

3

매듭진 마음이랑 물소리로 풀다가라

가던 길 되돌아와 또 한 번 당부하듯

해종일 아, 공복으로 울다가는 뻐꾸기

SIJO POEMS BY JAE-YOUNG YOO
20142025

계절을 바라보는 네 가지의 형태

1

새끼 염소 뒷발질에 퍼런 멍든 봄 하늘

살구나무 분홍 차일 누구네 혼사일까

민들레 꽃씨 날아간 개울 건너 첫 동네

SIJO POEMS BY JAE-YOUNG YOO
20142025

2

흔들면 떨어질 듯 잘 여문 새소리며

청보라 고운 팽창, 퐁! 터지는 도라지꽃

오늘도 물소리들은 덧니처럼 반짝인다

SIJO POEMS BY JAE-YOUNG YOO
20142025

3

가랑잎 한 장에도 가을밤이 환해서

서성이던 기다림에 뒷창문 가만 열자

초승달 가는 허리를, 안고 우는 베짱이

SIJO POEMS BY JAE-YOUNG YOO
20142025

4

곤줄박이 동안거 든 잣눈 쌓인 골짜기로

산죽잎 떨어져서 새겨 놓은 불립문자

때로는 산도 몸 굽혀 밤새도록 읽다 간다

SIJO POEMS BY JAE-YOUNG YOO
20142025

산경표를 읽는 열두 가지의 서정적 성찰

1

새빨간 귓불 달고 찾아오신 첫눈 아침

산짐승 다녀간 길 환약 같은 까만 저것

누구는 화두라 하고 누군 토끼 똥이라네

SIJO POEMS BY JAE-YOUNG YOO
20142025

2

일곱 살 오줌발에 살얼음도 풀린 삼월

산 너머 분교 마당 깽깽이 풀밭에도

연둣빛, 저 두근거림 깨금발로 오시는 봄

SIJO POEMS BY JAE-YOUNG YOO
20142025

3

읽던 책 얼굴 덮고 혼자서 아득하던

사춘기 그 물소리 어디쯤 흘러갈까

풀잎 배 떠나보낸 곳, 목청 돋운 개개비

SIJO POEMS BY JAE-YOUNG YOO
20142025

4

나뭇잎 밟는 소리에 잘록해진 가을 허리

뒤끝 말간 벌레 울음 포물선을 그리면

들릴까 달빛도 환한, 저승 저편 그곳까지

SIJO POEMS BY JAE-YOUNG YOO
20142025

연두에서 초록까지

마침내 봄 하늘에 구멍을 뚫어놓고

굴참나무 신방 차린 딱따구리 젊은 부부

물오른 가래영굴도 크게 한 번 몸틀한다

5

뽕이 순한 산짐승 냄새 킁킁 맡다 간 곳

마름질한 햇빛들 고루고루 내려와서

삼포시 등이 따습자 기둥 나온 민달팽이

연두에서 초록까지 넘어 온 등성이로

수풀떼들색팔랑나비 앉을까 날아갈까

버들치 헤엄친 물이 은지銀紙처럼 구겨진다

SIJO POEMS BY JAE-YOUNG YOO
20142025

나목 평전
– 미술관이 있는 풍경, 박수근

물들인 군복처럼 구부정한 허리로
미술관 한쪽 벽면 지그시 바라보는
남겨둔 그의 배후가 흑백으로 걸려있다

화강암 질감 속에 두런대는 실루엣

중절모 쓴 네댓 사람 쪼그려 앉은 채로
자식들 월사금이며 장리빚 걱정까지…

감자떡, 수수부꾸미, 찐 옥수수, 물고구마
무명수건 머리 두른 이 고장 아낙네들

해종일 못다 편 하루 함지박에 누워있다

식솔처럼 넘어오는 박세머 오목눈이
화가는 죽고 나서 나목으로 돌아왔다

오늘도 개울 물소리 따라가는 연픽선,

SIJO POEMS BY JAE-YOUNG YOO
20142025

어느 봄 밤에 와서

- 우결에게

삶이란 적자더미 내 성적표 받아들고

산벚꽃이 부근으로 꽃씨 한 줌 뿌렸다

너는 봄 여기에서 하찮은 별빛으로도 살아있지

02

탈자, 오자 고쳐 쓰면 흑백 문장 한두 줄?

인생이란 습작 속에 얼룩이나 남을까

언제나 바람이 부는 그 행간에 내가 섰다

이루지 못한 꿈이 북악처럼 크고 슬퍼

외로운 귀 하나를 나무에 걸어놓고

아그배 익는 소리만 아삭아삭 듣다 간다

SIJO POEMS BY JAE-YOUNG YOO
20142025

봄의 이름으로

황사며 미세먼지 봄도 일찍 간다기에

서둘러 띄운 기별 메아리로 돌아왔다

고맙다, 꽃아 산들아 모두 무탈하구나

SIJO POEMS BY JAE-YOUNG YOO
20142025

제 그림자 놀라서 고라니 달아난 곳

햇빛 소복 쌓인 절간 부처님도 깜빡 졸다

뎅그렁 풍경소리에 오그리는 하얀 맨발

SIJO POEMS BY JAE-YOUNG YOO
20142025

쇠박새 가족들이 날개 털다 떠난 자리

옹달샘 동심원에 머리 풀고 내려온 산

바위도 늙은 바위는 길이 되어 눕는다

SIJO POEMS BY JAE-YOUNG YOO
20142025

이슬 세상

이슬들 모여 앉아 쪽방촌을 이루었다

아침 물고 날아온 새, 살짝 떨군 물똥처럼

물방울 은빛 사리가 가지런히 눈부신 곳

SIJO POEMS BY JAE-YOUNG YOO
20142025

오늘의 특별 손님 실잠자리, 무당벌레

터줏대감 소금쟁이, 청개구리, 까마중

조금은 옹색하지만 불평 없이 동거하는

SIJO POEMS BY JAE-YOUNG YOO
20142025

주인도 세를 사는 하늘이 맑은 동네

온몸을 톡, 던져서 풀잎 발등 적시는

작아서 더 좋은 것, 저 깨끗한 전신공양

SIJO POEMS BY JAE-YOUNG YOO
20142025

달항아리 어머니

1

세한의 눈보라를 온몸으로 맞으면서

장엄한 불길 속에 던져진 초벌구이

깨지면 버려지리라 빙렬로 견뎌온 삶

SIJO POEMS BY JAE-YOUNG YOO
20142025

2

진흙도 잘 익으면 유백색 진경산수

손때 묻은 고운 살결 다소곳한 앉음새며

은은히 허리둘레로 감겨 오는 저 곡선

SIJO POEMS BY JAE-YOUNG YOO
20142025

3

모진 세월 무명옷이 몇 벌이나 해졌을까

울 어머니, 그렁그렁 눈물로 받든 하늘

달이 된 항아리 하나 저리 둥실 떠있다

SIJO POEMS BY JAE-YOUNG YOO
20142025

물의 경전

1

매일 밤 참방참방 우물 속 푸른 별빛

맑은 물에 몸을 씻고 풀꽃 같던 아이들

그들도 다 떠나가고 혼자 늙는 고향 우물

SIJO POEMS BY JAE-YOUNG YOO
20142025

2

모과처럼 잘 익은 찻잔에 잠긴 달을

단풍잎 등을 걸고 마주한 손님이랑

두 손에 받아 든 온기 달빛 함께 마신다

SIJO POEMS BY JAE-YOUNG YOO
20142025

3

구름도 스님 닮은 오목한 백담계곡

맨발로 삭발한 채 울먹울먹 흘러와서

바위에 구멍을 내고 뼈로 우는 물소리

SIJO POEMS BY JAE-YOUNG YOO
20142025

독락당 獨樂堂

초사흘 달빛같이 맑고 시린 생애가

풀벌레 울음처럼 깊고도 푸르러라

오늘은 어느 하늘에 무지개로 고울까

SIJO POEMS BY JAE-YOUNG YOO
20142025

그곳은 사시사철 첫눈이 내리는 곳

누더기 생生으로는 가닿을 수 없는 곳

비탈진 풍경 밖으로 걸리는 허공 한 채

SIJO POEMS BY JAE-YOUNG YOO
20142025

추사판전진경 秋史板殿眞景

몽당붓 일천 개에 구멍 뚫린 벼루 열 개

선생 병중 칠십일과 七十一果 절반은 마른 비백

죽음도 두렵지 않는 일흔 한 살 필법이다

위리안치 세월만큼 금욕의 일점, 일획

세한의 칼바람도 붓 한 자루 못 꺾었다

정좌한 선생 일생은 척추 곧은 조선 정신

SIJO POEMS BY JAE-YOUNG YOO
20142025

운명처럼 받아든 [板殿*]판전이란 두 글자

걷다, 뛰다, 갸우뚱 저게 바로 동자체童子體

마지막 붓끝을 떼자 아, 갈필로 떠는 파임*

봉은사 화엄전에 몸도 맘도 내려놨다

황금빛 가사 입고 현신하신 글씨 미륵

한번쯤 울어도 좋을, 대추사大秋史의 절필이여

---

* 추사 돌아가시기 사흘 전에 쓴 서울 봉은사 화엄경 판각 현액.
  선생은 노년에 경기도 과천(果川)의 과지초당(瓜芝草堂)에 머물면서 봉은사에 자주 들리곤 했는데, 구전(口傳)에 따르면 이 글씨를 돌아가시기 사흘 전에 썼다고 한다. 만년의 순수한 모습이 드러나 있는 듯한데, 세간에서는 이 글씨체를 '동자체(童子體)'라고 부른다. 파란의 생애를 겪으면서도 학문과 서화에 침잠했던 선생의 진중한 모습이 담겨 있는 듯하다. 편액 왼쪽의 낙관에 "七十一果病中作 (일흔 한 살의 과가 병중에 쓰다)"라고 했는데, 여기의 '과(果)'는 선생이 노년에 과천에 살면서 사용했던 호인 과도인(果道人)·과노(果老)·노과(老果) 등에서 나온 것이다. (네이버 사전)

* 오른쪽으로 비스듬하게 내려쓰는 한자 획 '乀'의 이름.

SIJO POEMS BY JAE-YOUNG YOO
20142025

청동빛 기행

접혀진 지도 한쪽 펼치면 다보일까

산점승 물짐승이 음각으로 사는 동네

오늘도 청동빛 음성 번져가는 대곡천

알몸둥이 아이들 거북 등 타고 놀고

짝 만난 산짐승들 그 짓거리 막 끝날 때

사냥 간 마을 사내들 먼 바다달을 몰고 온다

사슴뿔에 걸린 달이 태화강에 내려와서

그날을 보여주듯 금빛으로 출렁이면

바위 속 고래가족도 헤엄치는 반구대

SIJO POEMS BY JAE-YOUNG YOO
20142025

봄날의 소유권

송홧가루

묽은 생각

가부좌한

툇마루

2

남향 창
가만 열차
모런모런한
흰구름
바람이
뽈대에 감긴
민달팽이
먼 길이다

SIJO POEMS BY JAE-YOUNG YOO
20142025

세상의 모든 아침은 여기서부터 시작이다
- 천지를 노래함

수수만년 하늘과 땅, 천둥치듯 맞닿은 곳

옥보다 푸른 것을 천지라 하였던가

가슴에 불을 품고서 물로 앉은 결가부좌

SIJO POEMS BY JAE-YOUNG YOO
20142025

묘향, 낭림, 멸악, 금강, 태백, 계룡, 무등, 한라

산맥들 권속 앞에 우뚝 솟은 대 백두여

세상의 모든 아침은 여기서부터 시작이다

SIJO POEMS BY JAE-YOUNG YOO
20142025

안개며 구름들도 저만큼 물러서고

벼락치듯 문을 여는 드높은 비룡폭포

저 넓은 만주 벌판도 달려와 무릎 꿇네

SIJO POEMS BY JAE-YOUNG YOO
20142025

인수봉

1

이 땅에 오시기 전 어느 행성 왕족일까

만경대 거느리고 백운대를 품안에

지그시 눈 감으시고 말없이 굽어보다

SIJO POEMS BY JAE-YOUNG YOO
20142025

2

품계로는 정일품, 산 중의 산 북한산

눈보라 비바람도 나라의 큰 걱정도

인수봉 저 높은 벼랑, 모진 세월 함께했다

SIJO POEMS BY JAE-YOUNG YOO
20142025

3

엎드려야 다 보이는 흰 얼굴, 큰 봉우리

가진 것 내려놓고 구름 가사 둘렀다

장엄한 역광의 일몰, 우뚝한 저 품새여

SIJO POEMS BY JAE-YOUNG YOO
20142025

잔디 봉분

내 잠시 다녀오마, 벗어 놓은 돋보기며

연상 위 자전석요字典釋要* 접어둔 채 그대로

먼 외출, 아직 주인은 돌아오지 않으셨다

---

* 지석영(池錫永)이 찬정한 우리나라 최초의 한자 자전.

SIJO POEMS BY JAE-YOUNG YOO
20142025

이승과 저승이란 얇은 적막 한 장 사이

갈아 놓은 먹물이 몇 번쯤 더 말라야

사랑방 장지문 여는 푸른 기척 들릴까

SIJO POEMS BY JAE-YOUNG YOO
20142025

언제나 바라보면 액자 속 소이부답

어둡다는 저승길을 어떻게 가셨을까

술 한 잔 따라 올리는 아버지 잔디 봉분

SIJO POEMS BY JAE-YOUNG YOO
20142025

수락에 들다

삶이란 지형지물 수없이 건너뛰며

수락에 들어서자 알몸으로 우는 벼랑

비로소 무릎을 꺾고 산 위의 산을 본다

SIJO POEMS BY JAE-YOUNG YOO
20142025

장송長松이 몸을 세워 쩌렁쩌렁 우는 날은

뼈마디 굵은 산도 눈보라에 길을 잃어

설해목 부둥켜안고 바위처럼 살자 했다

SIJO POEMS BY JAE-YOUNG YOO
20142025

참수리 눈 털며 앉자 우지끈 부러지는

계곡도 잠 못 들고 뒤척이는 밤이 오면

숨어든 떠돌이 가객, 품어 안는 수락동천

SIJO POEMS BY JAE-YOUNG YOO
20142025

목련꽃 문장 文章

어둠을 배경으로 환히 밝힌 돋을새김

한 봄 한 봄 옮겨 심은 스무 살 푸른 봄날

두 손을 가만히 모아 지는 꽃을 받습니다

지난날을 되감으면 그 맥박도 같이 뛸까

차마 못한 한 마디 오므린 저 봉오리

오늘 밤 가지마다에 낱개 접고 앉습니다

해마다 다시 피는 내 마음의 목련꽃을

손짓해 함께 볼 이 오실까 기다리다

오십 년 세워 둔 생각 물빛으로 젖습니다

SIJO POEMS BY JAE-YOUNG YOO
20142025

가을 망우리

일생 동안 끌고 온 긴 그림자 누워 있는

봉분 속 포갠 두 발 가만히 옴츠리면

바스락, 찾아온 가을 먼저 소리 내는 곳

SIJO POEMS BY JAE-YOUNG YOO
20142025

누구의 영혼일까 한 스푼 떠먹고픈

오래도록 떠도는 무량한 저 흰 구름

사진 속 빈 자리처럼, 오래된 적멸처럼

SIJO POEMS BY JAE-YOUNG YOO
20142025

그 이름 불러보면 아득히 다가올 듯

홀연히 손 흔드는 구절초 꽃 한 무더기

길 너머 또 하나의 길, 가리키는 화살표

SIJO POEMS BY JAE-YOUNG YOO
2014 2025

비봉을 지나며

저것은 돌이 아냐 아직도 신라 하늘

노적봉과 향로봉 사모관대 사이 두고

숨겨둔 서른두 자를 봉헌하는 이 아침

SIJO POEMS BY JAE-YOUNG YOO
20142025

멀리서 바라보면 먹물 적신 몽당붓

가까이 다가서면 세워 놓은 금간 벼루

추사가 불끈 들어서 다시 세운 봉우리여

SIJO POEMS BY JAE-YOUNG YOO
20142025

전시엔 온몸으로 초병 대신 막아섰던

총탄 자국 우묵우묵 아물잖는 저 아픔

천년을 다시 천년을 가슴 안고 우는 너

SIJO POEMS BY JAE-YOUNG YOO
20142025

인사동 은발 銀髮

주소만 달랑 들고 해종일 찾아간 곳

저물녘 겨우 찾아 당도한 사립문 앞

돌아설까 어쩔까 섬섬한 맘 주저할 때

부르고 거듭 불러도 기척조차 없었다

"뉘신교?" 소리 함께 반만 열린 외짝 문

소년은 노모와 함께 수繡를 놓고 있었다

그 사람은 서덕출, '봄 편지'를 쓴 시인

깨끗한 이마에다 반달처럼 듬이 굳은

서울서 찾아간 이는 운석중 씨였다고

앉아 한 잔 앞에 놓고 허영자 선생은

은발 같은 목소리로 '봄 편지'를 암송했다

누군가 왠지 만날 듯, 봄이 오는 인사동,

SIJO POEMS BY JAE-YOUNG YOO
2014 2025

가랑잎 마스크

어린 새 발목 시린 햇빛도 얇은 봄날

며칠 전 먼 길 떠난 눈이 맑던 그 시인

어쩌나 얼음산 너머, 가로막는 북벽北壁 너머

잘 가시게 걸어 준 가랑잎 마스크여

저승 노을 곱다지만 피는 못만 걸음까

비대면 아, 비쩍 마른 등뼈 같은 외로운 길

우수, 경칩, 입춘, 춘분 잘잘한 절기들이

차 한 잔 식기 전에 슬그머니 왔다가

이름도 그 뭣도 없이 유행가처럼 흘러가네

SIJO POEMS BY JAE-YOUNG YOO
2014 2025

등 뒤에서 부른 이름

가랑비 부드럽게 내리던 먼 이별이 생각난다

무심코 어깨 위로 떨어지던 나뭇잎

그런 날 보름달에서 자욱하던 벌레소리

완행열차 기적처럼 천천히 다가가서

해마다 만났지만 언제나 낯선 가을

그래도 잘 마른 추억, 풀씨 같은 너였다

이제는 만나지 말자 혼자서 다짐하며

갈겨쓴 마음 몇 줄 쥐어주고 뛰어오던

그렇게 보내 준 가을, 등 뒤에서 부른 이름

SIJO POEMS BY JAE-YOUNG YOO
20142025

무심히 흘려보낸 가을 강

투명한 통증같이 서서 우는 갈대꽃

어제보다 늙은 하루 우리 곁을 지나간다

몇 번은 사무쳐야 할 소주처럼 시린 강물

SIJO POEMS BY JAE-YOUNG YOO
20142025

바람소리 껴안고 울어본 적 있던가

그리움을 구겨놓고 울어본 적 있던가

남몰래 찾아온 가을, 빗금 치는 저 물소리

SIJO POEMS BY JAE-YOUNG YOO
20142025

만남도 헤어짐도 지상에서 하는 일

친구의 한 줌 생生도 그렇게 저물었다

마른 잎 한 장 띄우면 가 닿을까 그 먼 곳,

SIJO POEMS BY JAE-YOUNG YOO
20142025

봄날의 경외성서

1

어깨뼈 드러내고 이마 슬쩍 벗겨진 산

풀려난 물소리들 폐활량도 가벼워라

덩굴손 감아쥔 자국 하늘 길도 물이 들까

SIJO POEMS BY JAE-YOUNG YOO
20142025

2

황조롱이 물똥 갈긴 무릎 세운 화강암

쥐엄나무 그늘 아래 할딱이는 저 놈은

방금 전 산란을 끝낸 꼬리치레도롱뇽

SIJO POEMS BY JAE-YOUNG YOO
20142025

3

유혈목이 색동도 한결 더 고와졌다

입산한 봄소식에 나뭇잎 구멍 내고

등 말간 벌레 한 마리 목을 발딱 내민다

유재영

시조를 읽는

다섯가지의

비평적 성찰

김유중 | 문학평론가 · 서울대학교 인문대학 국어국문학과 교수

1965년 3월 서울에서 태어났다. 서울대학교 국어교육과에서 학부를 마치고, 이후 같은 학교 국어국문학과 대학원에 진학하여 현대문학 석사, 박사 학위를 받았다. 1991년, 〈현대문학〉지의 신인 평론 추천으로 등단하였다. 육군사관학교와 전양대학교, 한국항공대학교를 거쳐 모교인 서울대학교 국어국문학과 교수로 재직 중이다. 저서로는 〈한국 모더니즘 문학의 세계관과 역사의식〉, 〈김기림〉, 〈김광균〉, 〈한국 모더니즘 문학과 그 주변〉, 〈김수영과 하이데거〉 등이 있으며, 편저서로 〈이범선 작품집〉, 〈김광균 시선〉, 〈김기림 시선〉, 〈김기림 평론 선집〉, 〈정태용 평론 선집〉 〈정비석 수필 선집〉 등과 더불어 경북대 김주현 교수와 공동 편집한 〈그리운 그 이름, 이상〉이 있다.

1. 시조 양식의 현대적 의의에 대하여

현대시조가 갖는 시대적 조건과 그 의미에 대해 생각해볼 기회를 가져본다. 우리가 알고 있는 바와 같이 3장 6구 형태로 이루어진 평시조라는 양식은 흔히 그 자체가 조선조 신진 사대부 계층의 절제되고 잘 정련된 내면 의식과 세계 인식을 반영하고 있는 것으로 생각된다. 만일 이러한 기존의 인식이 타당한 것이라고 한다면, 시조가 지닌 구조적 질서 내지는 짜임새는 오늘날과 같이 고도로 복잡하고 다양하며 이질적인 특성들을 지닌 사회의 면면들을 고루 담아내어 표현하기에는 다소 무리가 있는 것처럼 보이기도 한다.

그러나 변해야 할 것이 있다면, 반대로 그런 시대 변화의 흐름 속에서도 끝끝내 잃지 말고 지켜야 하는 것도 있는 법이다. 문화적 전통이란 하루아침에 이루어지는 것이 아니다. 그 소중함을 알아보고 잊혀진, 혹은 잊혀져가는 것들을 발굴하고 복원하여 그것이 지닌 가치를 더욱 의미 있게 만들 수 있을 때, 비로소 하나의 전통으로 자리잡게 되는 것이다. 시조가 조선조 사대부 선비들의 의식세계를 반영한 양식이라고 했을 때, 그것이 현대에 있어 계승되고 발전하기 위해서는 먼저 그것의 의미가 현대적으로 어떻게 재해석될 수 있는지를 가려보아야 한다. 이 경우 한갓 고루하고 케케묵은, 동시에 시대에 뒤떨어진 낡은 방식만을 여전히 고집한다면 시조 양식의 현대적 부활과 그

정신세계의 계승에 동의하는 이 또한 별로 없을 것이기 때문이다.

2. 자연이 빚은 신비, 예술작품을 바라보는 시각

이번 시집을 통해 시인이 강조한 것 가운데 하나는 자연을 읽는 특유의 섬세한 눈길과 상상력의 깊이다. 주변의 흔한 자연친화적인 태도로부터 계절의 순환과, 생사를 넘나드는 우주 만물의 운행 조화에 대한 통찰에 이르기까지, 그가 바라본 자연의 모습은 이 모든 것들이 한데 어우러져 무한하고 신비로운 질서의 미학으로 가닿게 된다.

이슬들 모여 앉아 쪽방촌을 이루었다

아침 물고 날아온 새, 살짝 떨군 물똥처럼

물방울 은빛 사리가 가지런히 눈부신 곳

— 「이슬 세상」 첫 수

구름도 스님 닮은 오목한 백담계곡

맨발로 삭발한 채 울먹울먹 흘러와서

바위에 구멍을 내고 뼈로 우는 물소리

-「물의 경전」 셋째 수

석류꽃 부신 뒤란 담 너머로 건네주던

후, 불면 날아갈 듯 그 사랑 눈짓 같은

백토로 새긴 물고기 헤엄치는 접시바다

당초무늬 휘어진 그윽한 그늘 아래

도공의 막내딸이 와락 달려 안길 듯

봉긋이 솟은 가슴에 저리 가쁜 숨소리

낮달도 아장아장 종아리 걷고 나와

여울에 발 담그고 피라미와 놀다 가면

몽당붓 스쳐간 자리 출렁하는 산하여

-「계룡산 귀얄무늬분청사기」 전문

---

* 「계룡산 귀얄무늬분청사기」는 앞선 시조집 『절반의 고요』에 수록되었음.
 셋째 수 종장 "출렁하는 산하여" 수정, 이 시조집 해설에서만 인용함.

그런 감각은 위 텍스트에서 보듯 한편으로 이슬 한 방울에서 소신공양(燒身供養)을 위한 인고의 시간으로 현상하기도 하며, 물 떨어지며 흐르는 소리 속에서 전해지는 경전의 암송소리로 되살아나기도 한다. 그리고 다른 한편으로는 산과 강이 어우러져 만들어낸 자연의 선과 색이 귀얄무늬분청사기의 꾸밈없는 터치와 질감과 연결되어 천진난만한 상상력으로 다가오기도 한다.

자연은 때론 존재 그것만으로도 충분히 예술적인 영감을 주고 창작을 위한 배경과 동기를 자극한다. 자연 상태와 예술 창작의 정신이나 기법을 엄격히 구분하여 나누어 보는 버릇은 흔히 서양 미학에서 강조하는 사항이긴 하지만, 동양적인 미학적 전통 속에서 이 둘을 따로 분리하여 살핀다는 것은 애초부터 부자연스러운 발상이며 접근법일 뿐이다. 오히려 동양 미학에서 강조하는 많은 용어나 개념들이 자연에서 비롯되었다.

이처럼 자연은 어느 순간에는 때 묻지 않은 순수함의 형태로, 어느 순간에는 세상살이의 모진 풍파를 견디어낸 자만이 가닿을 수 있는 무게 있고 원숙한 깨달음의 방식으로, 그리고 다시 어느 순간에는 그 무엇에도 구애받지 않는 가벼움과 자유로운 비상의 형태로 다가온다. 자연이 간직한 이러한 천태만상의 얼굴은 그 자체로 시인에겐 예술창작의 귀감이며 스승이라고 할 것이다. 그런 점에서 위 텍스트에 나타난 시인의 발상과 태도는 우리들에게 자

연과 인공, 자연과 예술이라는 서구적인 이분법의 한계를 알려주는 듯하다.

목마른 산노루가 잠시 쉬다 떠난 자리

옹달샘 물, 한 모금에 산도 따라 젖는다

우전차雨前茶 그 뒷맛 같은, 절명 시 한 줄 같은

  –「등고선을 중심으로 한 다섯 가지의 서정적 비유」둘째 수

곤줄박이 동안거 든 잣눈 쌓인 골짜기로

산죽잎 떨어져서 새겨 놓은 불립문자

때로는 산도 몸 굽혀 밤새도록 읽다 간다

        –「계절을 바라보는 네 가지의 형태」넷째 수

해마다 다시 피는 내 마음의 목련꽃을

손짓해 함께 볼 이 오실까 기다리다

오십 년 세워 둔 생각 물빛으로 젖습니다

- 「목련꽃 문장文章」 셋째 수

기교적인 형식이나 복잡한 체계, 주제적인 깊이 이전에, 무위자연(無爲自然)에서와 같은 꾸미지 않은 조화와 질서, 순환의 원리들을 두루 본받으려 노력할 때, 그리고 그것을 성공적으로 작품 속에 담아 구현해낼 수 있을 때 우리는 비로소 동양 미학이 추구하는 하나의 수준 높은 경지에 도달할 수 있을 것이다.

자연에는 말이나 글로는 다 표현할 수 없는 것, 인간의 어떤 사상이나 논리로도 다 포착될 수 없는 궁극적인 큰 의미가 담겨 있다. 그 가르침을 좇아 이를 감각적으로 사유하고 음미하며 뒤쫓고자 하는 것이 바로 시인의 예술이요 작품이다. 그러므로 그의 예술, 그의 창작은 동양적인 미학의 본질적인 특성을 현대적 관점에서 재해석하여 계승, 발전시키는 것을 최종 목표로 삼는다.

3. 민족문화 전통의 계승과 발전에 대한 남다른 자부심

유재영 시인의 이번 시조들을 읽다보면 그가 시조로 대변되는 전통 서정의 맥을 어떻게 이어나가고 어떻게 혁신하려 했는지, 이와 관련된 고민과 모색의 흔적들을 여실히

담고 있다는 점을 알게 된다. 즉 그는 선배 시조 시인들에 의해 되찾게 된 전통 시조의 맥을 계승하는 한편, 그것이 지닌 재래의 양식적 틀에 맞추어 이 시대가 요구하는 서정을 찾아내어 이를 새롭게 가다듬고 완성해보려는 이중의 노력에 집중해왔다.

그런 그의 태도는

탱자빛 그 가을이 수우재에 내려왔다

어디선가 들리는 듯 어렴풋한 기침소리

여기가 가람 선생 댁, 현대시조 종택宗宅이다

최고하崔古河며 장사봉張師峯, 구름재 같은 아들

상 그득 담아 올린 마름질한 수수편편首首片片

선생은 읽고 또 읽고 관주貫珠 달아 주셨다

가람 계신 곳에도 난蘭이며 청매靑梅향기

고서古書랑 잘 익은 술, 종장終章 같은 밤이 오나

산뜻한 초사흘 달도 구름 헤쳐 나오네

— 「가을 수우재守愚齋」 전문

와 같은 곳에서는 직설적으로 노출되기도 하지만, 대개의 경우는 좀 더 우회적이고 간접화된 방식으로 그 모습을 드러내는 예가 많다.

가령,

몽당붓 일천 개에 구멍 뚫린 벼루 열 개

선생 병중 칠십일과七十一果 절반은 마른 비백

죽음도 두렵지 않는 일흔 한 살 필법이다

— 「추사판전진경 秋史板殿眞景」 첫 수

와 같은 구절에서는 조선조 선비들의 꼿꼿한 사대부 정신에 대한 흠모를 은근히 드러내는가 하면,

---

* 「가을 수우재守愚齋」는 이 시조집 해설에서만 인용함.

진흙도 잘 익으면 유백색 진경산수

손때 묻은 고운 살결 다소곳한 앉음새며

은은히 허리둘레로 감겨 오는 저 곡선

- 「달항아리 어머니」 둘째 수

에서는 전통적인 자모(慈母)상을 떠올리게 하는 다소곳한 자태를 드러내기도 한다.

그런가 하면 다음과 같은 구절에서는 속세와 스스로 거리를 유지하려는 고고하고 초탈한 듯한 분위기로 나아가기도 한다.

엎드려야 다 보이는 흰 얼굴, 큰 봉우리

가진 것 내려놓고 구름 가사 둘렀다

장엄한 역광의 일몰, 우뚝한 저 품새여

- 「인수봉」 셋째 수

정신적 귀족주의라고도 해석될 수도 있는 이러한 그의 시적 경향은 시대의 흐름과 변화에 뒤떨어진 단순 호사 취미와는 분명히 구분될 필요가 있다. 거기에는 과거에 얽매여 연연하기보다는 현재 우리에게서 점차 멀어진 옛 정신과 태도가 무엇인지를 되짚어보려는 의도가 드러난다.

사실, 이 모든 것들은 우리의 의식 내면 깊숙한 곳에 자리 잡아 잠재된 채로 면면히 이어져 내려온 선조들의 문화적 전통과 가치관을 일깨워주는 이미지들이다. 그것은 복잡다단한 현대사회에서 부대끼며 생활해나가는 동안 우리 한국인들이 곧잘 잊고 지내왔던 정신적, 문화적 뿌리에 대한 향수를 자극한다. 그리하여, 그 뿌리란 유행이나 시류에 휩쓸리지 않고 시조가 가지는 정신세계의 틀 위에서 스스로를 채찍질하며 현대판 문사 또는 예인으로서의 자기중심을 확보하려는 시조시인으로서의 남다른 자긍심과 가까운 거리에 놓여있다.

그곳은 사시사철 첫눈이 내리는 곳

누더기 생生으로는 가닿을 수 없는 곳

비탈진 풍경 밖으로 걸리는 허공 한 채

— 「독락당獨樂堂」 둘째 수

장송長松이 몸을 세워 쩌렁쩌렁 우는 날은

뼈마디 굵은 산도 눈보라에 길을 잃어

설해목 부둥켜안고 바위처럼 살자 했다

　　　　　　　　　　　－「수락에 들다」둘째 수

당연한 말이 되겠지만, 위 시조들에 제시된 '독락당(獨樂堂)'이나 '수락대(水落臺)'는 단순히 서원에 딸린 부속건물이 아니요 기암괴석과 강물 등이 빚어낸 수려한 자연 풍광에만 그치지 않는다. 이들을 통해 시인은 세속적인 권세나 이해관계에 연연해하지 않는 우리 옛 선현들의 정신세계의 고고함과 유현함에 가까이 다가서고자 한다.

시업(詩業)이란 본시 그에겐 그런 것이다. 시조가 다시금 우리 주변에서 활성화되고 소비된다고 했을 때, 이 말의 본의가 그러한 작업을 통해 시단에 일정한 영향력을 행사한다거나 세력화하자는 의미로 곡해되어서는 곤란하다. 그것은 어디까지나 개인의 입신이나 영달과 무관한 방향으로 추진되어 나아가야 한다. 비록 아무도 알아주는 이가 없더라도 자신이 걷는 이 길이 가치 있는 길임을 믿고, 흔들림 없이 그 속에서 묵묵히 자신이 선택한 예인으로서의 삶의 의미를 실천을 통해 증명해나가려는 태도야말로, 진정으로 그가 원하는 바른 길인 것이다.

그러므로 이 시대에 시조시인으로 활동하며 산다는 것은 그에게는 스스로를 비우기 위한 부단한 노력과도 통한다. 요컨대 시조라는 양식을 대함에 있어 의식의 청빈과 고고함은 내면에서부터 그를 떠받쳐주는 원초적인 힘이요 미덕인 셈이다. 선조들이 남긴 고차원적인 그런 정신 유산을 계승하고 그것으로부터 문화적 자부심을 찾으려는 행위, 그리고 그런 문화의 전통을 더욱 발전시켜 후대에 스스로 본보기와 귀감이 되고자 하는 행위, 그것이 바로 시조를 통해 그가 되찾고자 하는 시대의 진정한 가치이자 덕목이다.

4. 예술가의 삶과 행복의 조건에 대한 명상

현대문명은 인간으로 하여금 온갖 것들에 대한 욕망과 집착에 사로잡히게 만들었다. 남들보다 더 많이 소유하기 위해서, 더 높이 올라가기 위해서, 더 오래 살기 위해서, 심지어는 죽은 뒤에조차 자신에 속했던 것들을 하나라도 이 세상에 더 남기기 위해서. 현대인들은 스스로가 설정한 이러한 욕망의 굴레에 갇혀 영원히 가닿을 길 없는 집착 속에 자신의 인생을 소모한다.

우리는 어쩌면 평생 동안 이렇듯 자본주의 현대문명이 파놓은 함정에 빠져 벗어날 수 없을는지 모른다. 사회는 끊임없이 남들과 비교하게 함으로써 우리를 독려한다. 그러나 그런 독려 속에는 이미 스스로의 발전에 대한 주체

적인 인식 대신에, 성공적인 삶에 대한 획일적인 사고방식과 뒤처짐에 대한 불안감이 자리 잡고 있는 것이 사실이다.

방아깨비

앉자 휘청,

등이 휘는

왕바랭이

바람 불자

화들짝,

가벼워라

저 날갯짓!

세상은

오늘 하루도

무거워라,

가벼워라

- 「방아깨비운韻」 전문

방아깨비 한 마리의 모습에 대한 관찰을 통해 그는 세상살이의 이치에 대해 다시 한 번 생각해볼 기회를 갖게 된다. 그가 어디에 앉았느냐, 그리고 주변 공기의 흐름이 어떻게 바뀌느냐에 따라 방아깨비의 자세와 동작은 항상 달라지게 마련이다. 우리네 인생도 이와 같다. 삶의 무게와 고달픔은 언제든 내 의지와는 상관없이 바뀔 수도 있다. 너무 높고 좋은 자리만 탐한다고 해서 그 자리가 반드시 내게 편치는 않을 것이다. 각자에게 맞는 자리가 있기 마련이며, 어느 자리든 세상 사람들 기준에 맞추어 억지로 차지하려 할 때 도리어 고통이 따를 수밖에 없다.

즉, 모든 것은 생각하고 받아들이기 나름이다. 인생의 성공이나 행복이란 것도 처음부터 정해진 기준이 있을 턱이 없으며, 어느 정도의 기준이 있다 하더라도 그것만으로 일률적으로 판별할 수는 없는 노릇이다. 각자가 처한 환경이나 조건이 다 다르기 때문이다.

돌아설까 어쩔까 섭섭한 맘 주저할 때

"뉘신교?" 소리 함께 반만 열린 외짝 문

소년은 노모와 함께 수繡를 놓고 있었다

그 사람은 서덕출, '봄 편지'를 쓴 시인

깨끗한 이마에다 반달처럼 등이 굽은

서울서 찾아간 이는 윤석중 씨였다고

잎차 한 잔 앞에 놓고 허영자 선생은

은발 같은 목소리로 '봄 편지'를 암송했다

누군가 왠지 만날 듯, 봄이 오는 인사동,

    — 「인사동 은발銀髮」 둘째, 셋째, 넷째 수

물들인 군복차림 구부정한 허리로

미술관 한쪽 벽면 지그시 바라보는

남겨둔 그의 배후가 흑백으로 걸려있다

화강암 질감 속에 두런대는 실루엣

중절모 쓴 네댓 사람 쪼그려 앉은 채로

자식들 월사금이며 장릿빚 걱정까지…

　　- 「나목 평전 - 미술관이 있는 풍경, 박수근」 첫, 둘째 수

위의 작품들에서 시인은 세속적인 성공이나 행복의 기준과 예술가로서의 성공적인 삶이나 행복이 어떤 점에서 같고 어떤 점에서 다른지를 질문하고 있는 듯하다.

동요집 『봄편지』의 시인 서덕출은 장애인이었다. 어린 시절 불의의 사고로 얻게 된 척추염으로 인해 평생을 장애를 안고 살다, 불과 서른 네 살이라는 이른 나이에 요절하고만 슬픈 사연을 지닌 인물이다. 그러나 그는 일제시대 우리 주변의 몇 안 되는 동요시인으로 활동하면서 한국 아동문학사에 뚜렷한 족적을 남겼다. 장애에 대한 인

식이 요즘 같지는 않았을 그 시절, 그가 사회에서 정상적으로 적응하며 살기란 어려웠다. 아마도 그는 적지 않은 생활상의 어려움과 곤란을 겪었을 것이다. 그렇지만 그는 자신에게 주어진 장애라는 멍에를 창작에 대한 열정을 통해 벗어버리고 승화시킨 인물이다.

박수근 역시 마찬가지다. 살아생전 그는 항상 가난과 싸워야 했다. 그럼에도 가난이라는 굴레에서 단 한 번도 제대로 벗어난 적이 없었다. 엎친 데 덮친 격으로 화단에서 그는 인정 받지도 못했고, 이에 따라 전시회를 열 기회도 얻지 못했다. 그래서인지 그가 그린 그림의 대상들 역시 가난한 이웃들의 모습이 대부분이었다. 가난한 이웃들의 험난한 삶이야말로 그가 평생을 그리고자 한 그림들의 소재요 주제였던 것이다. 그러나 그의 그림 속에 담긴 그들의 삶은 인정이 넘치고 인간미가 있다. 그는 이를 자신만의 독특한 방식으로 표현했다. 그러면서 동시에 자신의 가난 역시 극복하고자 했다. 어느 평론가가 지적한 대로, 그림 속에 그가 담고자 한 것은 시대의 가난이었지 정신의 가난은 아니었다. 그런 점에서 오늘날 그는 가장 서민적이고 한국적인 삶의 모습을 담은 화가로 널리 칭송받고 있다.

 예술가의 삶, 예술가가 바라는 행복이란 바로 이런 것이 아닐까? 누가 인정을 해주든 말든 자신이 하고 싶은 일을 하고 그 작업 속에서 열정을 발산하고 보람을 느끼는 일이야말로 진정으로 그를 행복하게 만드는 동기이지 않을까? 모든 것은 언젠가는 사라지고 잊혀지기 마련이다. 그런 점들을 생각한다면 당장의 인정에 연연할 필요도 없고 인정받기 위해 용을 쓸 이유도 없다. 인정에 목을 매고 무리수를 둘 때, 예술가로서의 진정한 삶은 망가지고 목표는 흐트러질 것이다. 현생에서 누리고자 하는 그런 인정 욕구를 과감히 떨쳐버리고 나서야만이 진정한 예술, 진정한 삶의 의미는 비로소 그의 앞에 미소 지으며 다가올 것이다.

5. 화려할 수 없는 길, 그러나 반드시 필요한 길

조금 보태어 말한다면, 오늘날 시조는 제2의 전성기를 맞이하고 있는 듯하다. 시조에 관심을 가지는 이들이 꾸준히 유지되고 있고, 안정적인 발표 지면의 확보와 더불어 시조시인을 자처하는 이들의 수가 조금씩 증가하고 있다. 그리고 마침내 시조가 한국의 대표적인 전통 시양식의 하나로 서구 문학계에까지 소개되기에 이르렀다. 그런 성과의 이면에는 시조 양식의 현대적 계승과 발전을 위해 불철주야 노력해온 많은 이들의 관심과 노력이 있었음을 기억해야 할 것이다.

가람(嘉藍)이나 무애(无涯), 노산(鷺山), 초정(草汀), 백수(白水) 등 현대시조의 부활과 정착을 위해 애써온 선배 문인들의 공적은 마땅히 받들고 기려야 할 것이지만, 묵묵히 뒤를 받치며 그 뜻을 이어온 많은 시단 동료와 후배

들의 관심과 헌신 또한 결코 소홀히 취급되어서는 아니 될 일이다. 시조 창작이란 우리 선조들이 남긴 고유한 정신문화 유산의 맥을 잇고자 하는 민족적, 문화적 과업이다. 그 과업을 수행하는 과정에서 우리 주변에서 명멸하다 사라져간 적지 않은 수의 문인들이 있었음을 반드시 기억해야만 할 것이다. 유재영 시인의 다음 작품은 그런 문인들의 존재와 더불어, 진정코 그가 바라는 시조 시인으로서의 바른 마음가짐과 삶의 자세를 다시 한 번 가슴 깊이 되새기게 만드는 계기를 심어준다.

삶이란 적자더미 내 성적표 받아들고

산비장이 부근으로 꽃씨 한 줌 뿌렸다

내년 봄 여기에 와서 풀벌레로 살아야지

탈자, 오자 고쳐 쓰면 흑백 문장 한두 줄?

인생이란 습작 속에 얼룩이나 남을까

언제나 바람이 부는 그 행간에 내가 섰다

이루지 못한 꿈이 북악처럼 크고 슬퍼

외로운 귀 하나를 나무에 걸어놓고

아그배 익는 소리만 아삭아삭 듣다 간다

　　　　　　　－「어느 날 북악에 와서 － 우걸에게」 전문

달항아리 어머니

지은이	유재영
펴낸이	유정용
펴낸곳	동학사

1판 1쇄	2025년 3월 25일
출판등록	1987년 11월 27일 제10-149

주소	121-884 서울 마포구 토정로 53 (합정동)
전화	02-324-6130, 02-324-6131
팩스	02-324-6135
E-메일	dhsbook@hanmail.net
홈페이지	www.donghaksa.co.kr
	www.green-home.co.kr

ⓒ 유재영, 2025

ISBN 978-89-7190-902-7 03810

※ 저자와의 협의에 의해 인지를 생략합니다.
※ 잘못된 책은 바꾸어 드립니다.